LE LIVRE DES

QUESTIONS

OSEREZ-VOUS Y RÉPONDRE?

Gregory Stock

LE LIVRE DES QUESTIONS

OSEREZ-VOUS Y RÉPONDRE ?

MARABOUT

Première édition aux États-Unis par Workman Publishing Co., Inc.,
sous le titre *The Book of Questions*, révisé et mis à jour.

© 1987, 2013, Gregory Stock.

Publié avec l'accord de Workman Publishing Co., inc., New York.
Pour la présente traduction, © Hachette Livre (Marabout), 2014.
Traduction par Véronique Merland.

À ma maman et mon papa,
qui m'ont transmis la sécurité nécessaire pour m'interroger, et
l'indépendance nécessaire pour chercher mes propres réponses.

Et à Sadie,
dont les questions et les réponses m'ont aidé à retrouver
un regard d'enfant sur le monde.

Introduction

et réflexions sur la nouvelle édition

Je me rappelle encore ma première expérimentation de certaines de ces questions, il y a 25 ans : des interactions furtives dans des cafés qui se transformaient en délicieux tête-à-tête ; des conversations avec de vieux amis qui m'apportaient de nouvelles pistes inattendues ; des soirées placides qui prenaient soudain vie et se prolongeaient jusqu'au petit matin.

Quand le premier *Livre des questions* a été publié, on était en 1987 : Ronald Reagan et Mikhaïl Gorbatchev étaient au pouvoir. Le mur de Berlin était toujours debout. Les Blancs faisaient la loi en Afrique du Sud. Le Prozac venait d'être mis sur le marché. Le *Tunnel of Love* de Bruce Springsteen était en haut des hit-parades. Le *Bill Cosby Show* battait des records d'audience à la télévision. Les appareils photos numériques, Internet, et le projet de séquençage du génome humain n'existaient pas encore. Le World Trade Center élançait encore ses 107 étages vers le ciel de New York. Et un bon téléphone portable coûtait 2 500 dollars, pesait un kilo et devait être rechargé au bout d'une heure de conversation à cinquante centimes la minute.

Tout était différent. Et rien n'était différent. Les gens luttaient à l'époque comme ils le font encore aujourd'hui pour l'argent et la famille, l'amour et le deuil, l'espoir et la peur. Ils étaient en proie à la maladie, la mort, l'échec et la frustration. Ils cherchaient du sens et de l'accomplissement. Ils connaissaient la tentation et la trahison. Ils s'efforçaient, comme nous le faisons encore, de se faire une place dans le monde, de se comprendre eux-mêmes et d'appréhender les autres.

L'époque était riche de questionnements non pas sur des futilités, mais sur les valeurs et les croyances, et *Le livre des questions* les alimentait par des dilemmes simples, originaux, concrets qui venaient nous chatouiller l'esprit et mettre à l'épreuve nos idées sur des sujets essentiels : la vie, l'amour, l'argent, le sexe, l'intégrité, la générosité, la fierté, la mort.

Le livre trouva un écho immense, et cette première édition fut traduite dans 18 langues, se vendit à plus de 2,5 millions d'exemplaires, entraîna l'avènement d'un tout nouveau genre de livres de questions, et prit une place spéciale dans le cœur de beaucoup de gens.

Aujourd'hui, les enjeux principaux de la vie sont les mêmes, mais la culture a changé. Le contexte a changé. Le langage et les centres d'intérêt ont changé. Cette nouvelle édition est plus qu'un gommage cosmétique de formules et de références datées ; c'est un tout nouveau livre avec plus d'une centaine de questions inédites qui soumettent la technologie et la société actuelles à des dilemmes ancestraux.

Les questions passent toujours d'un sujet à un autre sans transition, donc même si vous les lisez dans l'ordre, vous serez confronté à des sujets et thèmes inattendus. Soyez attentif à ceux qui vous attirent et ceux qui vous dérangent. Nous réagissons aux questions qui touchent à des sujets non résolus pour nous, donc il se peut qu'une question que vous avez envie d'éviter soit pile celle sur laquelle vous devriez vous attarder. Êtes-vous fasciné par les questions sur la santé et la moralité ? Passez-vous outre les questions qui ont une dimension sexuelle ? Pourquoi ?

Il arrive trop souvent qu'on échange des paroles vides de sens sans vraiment se confronter les uns aux autres. Essayez de vous poser les questions proposées ici avec des amis ou des inconnus, et voyez ce qui en découle. Il se peut que vous soyez agréablement surpris. Et lorsque vous vous engagez sur des sentiers de traverse, autorisez-vous à verbaliser certaines de ces questions dangereuses que vous taisez habituellement – ces pensées tourbillonnantes, provocatrices murmurées par une petite voix intérieure. Certes, elles peuvent être un peu surprenantes ou intrusives, mais souvent ce sont justement celles qui ouvrent de nouveaux chemins vers l'intimité et la compréhension. La vie peut prendre un tour palpitant et fascinant lorsqu'on s'ouvre à des questions qui nous tiennent vraiment à cœur.

Rappelez-vous, cependant, que ces questions n'ont ni bonne ni mauvaise réponse, mais seulement des réponses sincères ou insincères. Pouvez-vous véritablement savoir ce que vous feriez d'un pouvoir magique dans une situation étrange et hypothétique ? Bien sûr que non. Mais pourquoi vous arrêter à ça ? Ici, vous pouvez entrevoir des possibilités et des intuitions sans traverser réellement les épreuves évoquées. Alors laissez-vous transporter dans ces situations. Essayez de mettre tout votre cœur dans les choix que vous faites. Résistez à la tentation d'échapper aux dilemmes en déniant leur réalité ou en trouvant des complications qui les obscurcissent.

Mettez votre incrédulité de côté si vous le pouvez. Ignorez les paradoxes du voyage dans le temps, les limites de vos connaissances, l'impossibilité des pouvoirs magiques. Acceptez que les conditions soient telles que les questions les décrivent, que les probabilités soient fiables, que les promesses seront tenues et que vous savez tout cela en prenant vos décisions.

Allez plus loin qu'un simple « oui » ou « non ». Investiguez et expliquez vos réponses. Explorez votre cœur, soyez franc et courageux, et laissez vraiment votre esprit jouer avec les choix difficiles que vous trouverez. Si vous le faites, ces questions vous mèneront dans des discussions et des explorations intrigantes, inattendues, gratifiantes, voire bouleversantes. Et ne vous privez pas de suivre toutes les pistes intéressantes qui vous viennent à l'esprit : ces questions sont conçues comme des points de départ et non comme des destinations.

Plus vous vous plongerez dedans, plus elles vous apporteront. Alors laissez libre cours à votre imagination et jouez activement avec les conditions : élargissez-les, adaptez-les et transformez-les pour rendre vos choix plus riches et encore plus durs. Et qui sait ? À mesure que vous explorerez et remettrez en question vos valeurs et celles de vos amis, il se peut que vous trouviez (comme moi) que poser des questions est plus qu'un passe-temps distrayant : ça peut devenir un mode de vie.

1

La technologie
fait désormais partie de nous.
Préféreriez-vous perdre l'usage
de tout véhicule motorisé,
de tous les appareils de télécommunication
et des ordinateurs,
ou de l'une de vos mains ?

2

Que feriez-vous
si le jouet préféré de votre fille de 6 ans,
une poupée parlante,
commençait à essayer de la convaincre
qu'elle avait besoin
d'une nouvelle amie : la dernière poupée
de la même marque ?

3

Si vous deviez
être obsédé par l'argent,
le sexe, le sport,
la religion
ou la nourriture,
lequel choisiriez-vous ?

4

Toutes considérations
financières mises à part,
préféreriez-vous
passer les 5 prochaines années
confiné dans un mythe urbain
comme New York,
ou dans une jolie petite ville isolée
de la côte californienne ?

Préféreriez-vous
regarder des Jeux olympiques
interdisant toutes substances dopantes,
ou bien qui les prennent
comme un fait accompli
et autorisent les athlètes à utiliser
les équipes médicales pour booster
leurs performances ?

6

Comment réagiriez-vous

si vous appreniez qu'un beau poème triste
qui vous a profondément touché
a été écrit par un ordinateur ?

Que ressentiriez-vous

si l'on vous disait que, dans un siècle,
des machines intelligentes
auront conscience d'elles-mêmes,
et seront bien plus ingénieuses et créatives
que les humains ?
Pourquoi ?

7

Quelle est la loi la plus sérieuse
que vous ayez enfreinte en faisant
quelque chose que vous considériez comme moralement
juste, qui ne ferait de mal à personne,
ou ne regardait personne d'autre que vous ?
De quelle manière en auriez-vous été puni
si vous vous étiez fait prendre et que la peine maximale
avait été appliquée ?

....

Si vous faisiez partie d'un jury,
déclareriez-vous coupable une personne
pour quelque chose qui, selon vous,
ne devrait pas être considéré comme un crime ?

8

Si vous pouviez,
anonymement et sans aucun risque,
détruire la réputation
d'une personne sur Internet
par le biais de diverses interventions
en ligne, le feriez-vous ?
Si oui, qui et pourquoi ?

9

Un dimanche d'affluence moyenne,
10 000 personnes visitent le Louvre à Paris.
Si un sorcier maléfique menaçait de faire
disparaître tous les visiteurs du musée ou toutes
ses œuvres d'art, en épargnant les uns ou les autres
selon votre vœu, lesquels sauveriez-vous ?
Partez du principe que le sorcier fera disparaître les deux
si vous ne faites pas un choix.

Quels sont, s'il y en a,
les fruits de notre culture qui valent plus
qu'un million de vies ?
Par exemple, et si toute la musique ou la fiction
du siècle dernier entier étaient menacées ?

10

Si votre cœur
était irrémédiablement endommagé,
mais que vous puissiez retrouver
la santé pour quelques années
en vous faisant greffer le cœur
d'un cochon génétiquement fabriqué,
le feriez-vous ?

11

Aimeriez-vous
qu'il y ait une loi obligeant
la police à archiver
un enregistrement vidéo de tout
ce qu'elle fait
pendant son service ?

12

Pour 75 000 euros,
accepteriez-vous de prendre 20 kilos
et de les garder pendant 3 ans ?
Pour quelle somme d'argent,
le cas échéant, accepteriez-vous
de prendre 50 kilos
pendant au moins 1 an ?

13

Si c'était la seule façon

de rester avec l'amour de votre vie,
seriez-vous d'accord pour vous réveiller demain matin
tous deux natifs d'une langue étrangère inconnue,
sachant qu'en une semaine vous auriez
tous les deux définitivement oublié les langues
que vous parlez aujourd'hui et seriez largement
coupés de vos amis et de votre culture ?
Si oui, quelle nouvelle langue
voudriez-vous parler, et pourquoi ?

14

Si la personne
à laquelle vous êtes fiancé
avait un accident de voiture et devenait paraplégique,
annuleriez-vous votre mariage ?
Si non, et si cette personne devenait tétraplégique ?

....

Que feriez-vous
si vous appreniez que la personne
que vous aviez prévu d'épouser allait avoir la maladie
d'Alzheimer avant son 50e anniversaire ?

15

Aimeriez-vous être célèbre ?
Si oui, pourquoi ?
Et si vous saviez que cela
veut dire qu'en quelques années
vous perdrez tous vos amis actuels
et ne développerez jamais d'autres
relations aussi sérieuses ?

Si les femmes

étaient fondamentalement plus intelligentes
et plus travailleuses que les hommes,
seriez-vous favorable à ce que soient mises
en place des règles destinées à s'assurer
que les hommes aient les mêmes chances qu'elles
d'obtenir les meilleurs postes, et occupent la moitié
des places dans les meilleures écoles ?
Si oui, comment expliqueriez-vous le bien-fondé
de cette règle à une femme intelligente et motivée
qui a été évincée au profit
d'un homme moins qualifié ?

17

Si vous pouviez, sans être détecté,
espionner électroniquement pendant
le mois à venir et regarder n'importe qui, n'importe où,
à n'importe quel moment, comme une mouche
posée au plafond, le feriez-vous ?
Si oui, qui espionneriez-vous et jusqu'à quel point ?
Si non, pourquoi ne le feriez-vous pas ?

Et si la personne risquait
de s'apercevoir un jour que vous l'aviez espionnée ?
Pensez-vous que vous pourriez
être à l'aise sous surveillance constante ?

18

Si votre père et votre mère
vous disaient qu'ils ne vous ont jamais
vraiment aimé ni même apprécié,
et que vous saviez que c'est absolument vrai,
de quelle manière cela affecterait-il votre vie ?
Et si vous les entendiez simplement
confier cela à quelqu'un d'autre ?

Avez-vous déjà dit à quelqu'un
que vous n'aimiez pas
ou n'appréciiez pas vos parents ?

19

Si une boule de cristal
pouvait vous dire
n'importe quelle vérité sur vous-même,
la vie, le futur,
ou toute autre chose,
que voudriez-vous savoir,
et pourquoi ?

20

Si les publicités pouvaient être
adaptées si efficacement à vos désirs
et préoccupations personnels
qu'elles en seraient presque irrésistibles,
voudriez-vous les interdire ?
Achèteriez-vous des lunettes de soleil
high-tech spéciales qui occulteraient
les panneaux d'affichage pour laisser votre
champ visuel vierge de toute publicité ?

21

Si on découvrait la preuve
d'une présence de vie intelligente
ailleurs dans l'univers,
est-ce que ça changerait vos convictions profondes
ou votre conception de vous-même ?

....

Et si, au contraire,
on démontrait que nous sommes la seule forme
de vie intelligente dans la galaxie ?

Si vous pouviez légalement payer l'impôt sur le revenu

que vous souhaitez, quelle part de ce que vous gagnez
donneriez-vous à l'État ?
Si vous saviez que tout le monde devait payer
exactement la même fraction de ses revenus,
votre choix serait-il différent ?

. . . .

Quelle part de ce que vous gagnez actuellement

donneriez-vous à l'État si vous saviez
que tout le monde devait donner la même chose ?

23

Pour être en sécurité financièrement, vous efforcez-vous d'anticiper les risques de façon à les éviter, ou essayez-vous de vous constituer un « matelas » pour pouvoir faire face aux imprévus ? Quelle stratégie devrait selon vous être la plus efficace, et pourquoi ?

24

Seriez-vous prêt
à réécrire entièrement les lettres
de demande d'admission à une université
de votre enfant si cela pouvait l'aider
à entrer dans une meilleure école ?

Si vous le faisiez,
comment lui expliqueriez-vous la différence
entre ça et de la tricherie ?

25

Voudriez-vous avoir une image
haute définition de vous-même nu
sous votre meilleur jour physique ?
Si non, pensez-vous
que vous puissiez un jour souhaiter
en voir une ?

Vous rencontrez quelqu'un
à une soirée et savez avec certitude
que, si vous lui parlez, il vous fera gagner
des dizaines de millions d'euros,
mais qu'au bout de 2 ans vous ferez faillite,
et devrez vous battre pour vous
remettre sur pied.
Engageriez-vous la conversation ?
Partez du principe que, si vous le faites,
votre connaissance de ce qui
vous attend disparaîtra.

Aimeriez-vous être
extrêmement brillant – plus intelligent
que 99,9 % de la population ?
Si oui, cela vous importerait-il
qu'être aussi intelligent implique
que vous n'ayez plus aucun sens
de l'humour sur les choses qui amusent
la plupart des gens ?

28

On recrute un nombreux
équipage pour un voyage interstellaire
vers une planète lointaine abritant
la première vie extraterrestre connue.
L'expédition ne reviendra pas
avant un siècle, mais les membres
de l'équipage seront en état
d'engourdissement et ne vieilliront que
de quelques années au cours du voyage.
Seriez-vous intéressé ?
Si non, qu'est-ce qui, le cas échéant,
pourrait vous faire changer d'avis ?

29

Voleriez-vous de l'argent

à quelqu'un de riche si vous étiez sûr
de ne pas vous faire prendre et que vous pensiez
que ce soit le seul moyen de subvenir
aux besoins de votre famille ?

....

À votre avis,

quelle fraction de la population mondiale
vous considère comme riche ?

Que ressentez-vous

le plus souvent : la gratitude ou l'envie ?
Qu'est-ce qui vous inspire le plus
de gratitude ?

....

Exprimez-vous souvent

votre gratitude envers la vie ?

31

Si vous étiez enfermé

dans une machine à voyager dans le temps
réglée pour faire un aller simple dans le passé
ou le futur et que vous aviez 10 minutes
pour programmer l'endroit et le moment de votre choix,
où et quand vous rendriez-vous ?
Pourquoi ?
Et s'il s'agissait d'un aller-retour
qui vous permettait d'emmener tous les proches
et amis de votre choix avec vous et de tous revenir
sains et saufs dans une semaine ?

32

Si un pays attaquait la France

à la bombe nucléaire, seriez-vous pour
déclencher notre arsenal nucléaire contre lui ?

· ·

Des terroristes,

agissant pour le compte d'un pays
qui les soutient tacitement,
tuent 2 millions de personnes en envoyant
une bombe nucléaire sur Paris.
Seriez-vous pour riposter contre ce pays
et, si oui, comment ?

Aimeriez-vous passer
une semaine dans la peau d'une personne
du sexe opposé ?
De quelqu'un de très vieux ?
De très beau ?
De très laid ?
Ou de gravement handicapé ?
Si oui, lequel
vous intriguerait le plus ?

34

Si toutes les interactions
et navigations sur Internet
devaient se faire sous votre vrai nom
et étaient enregistrées
et archivées, de quelle manière
cela en modifierait-il votre utilisation
et la façon dont vous communiquez
avec les autres ?

35

Aimeriez-vous
que votre conjoint
soit beaucoup plus intelligent
ou beaucoup plus séduisant
que vous ?
Si oui, qu'est-ce qui
chez vous permettrait de retenir
son attention et son amour ?

36

Si vous deviez mourir ce soir
sans avoir pu communiquer
avec qui que ce soit, quelle est la chose
que vous regretteriez le plus
de ne pas avoir dite à quelqu'un ?
Quelles conséquences positives
pourrait-il y avoir
à le lui dire maintenant ?

Vous êtes dans un avion

en train de faire la conversation avec une personne
d'apparence banale. De façon inattendue, cette personne
vous propose 20 000 euros pour une nuit de sexe.
Si vous saviez qu'il n'y a aucun danger et que vous étiez
sûr d'avoir l'argent, le feriez-vous ?
Si cette somme était significativement diminuée ou
augmentée, à quel chiffre changeriez-vous votre réponse ?

Dans quelle mesure

l'âge et le sexe de la personne
affecteraient-ils votre réponse ?
Quelle est la différence entre faire l'amour en échange
d'une somme d'argent immédiate et faire l'amour
dans l'espoir d'autres avantages futurs ?

38

Pour 20 000 euros,
passeriez-vous 2 mois sans vous laver,
vous brosser les dents,
vous laver les cheveux,
ni même utiliser un déodorant ?
Supposez que vous ne pourrez
en dire la raison à personne.

Qu'est-ce qui vous dérangerait le plus :
vous passer d'hygiène de base pendant plusieurs mois
ou faire l'amour avec un inconnu ?

Si un nouveau médicament
pouvait guérir l'arthrite
mais tuait 1 personne qui le prend
sur 100, seriez-vous favorable
à ce qu'il soit légalisé ?
Qu'en serait-il d'un vaccin
qui tuerait 1 personne sur 20, mais
protégerait les autres du cancer ?

40

Vous découvrez
qu'en raison d'une confusion à l'hôpital,
votre merveilleux enfant de 2 ans
n'est en réalité pas le vôtre.
Voudriez-vous échanger les enfants
pour corriger l'erreur ?
Supposez que vous n'aurez
plus jamais aucun contact avec l'enfant
dont vous vous séparerez.

41

Si vous saviez
que ça allait vous séparer
complètement de vos amis
et de votre famille,
suivriez-vous votre cœur
en épousant la personne
que vous aimez ?

42

Pensez-vous que le monde
sera meilleur ou pire dans 100 ans ?
Estimez-vous que le monde
d'aujourd'hui est meilleur
que celui d'il y a 100 ans ?
Si oui, en quoi ?

43

Lequel des deux sexes
a la partie la plus facile
dans notre culture ?
Avez-vous déjà souhaité
être du sexe opposé ?

44

L'amnésie existe
sous deux formes :
l'une induit la perte de la mémoire
des événements passés,
et l'autre empêche de se former
de nouveaux souvenirs.
Si vous faisiez
une mauvaise chute et deviez
être atteint de l'une ou l'autre,
laquelle serait la pire ?

45

Si vous pouviez tuer
des gens simplement en imaginant
leur mort et en disant « au revoir »,
utiliseriez-vous ce pouvoir ?
Supposez qu'ils mourront
de mort naturelle et que personne
ne vous soupçonnera.

46

Seriez-vous plus heureux
si vous contrôliez mieux
ce qui se passe dans votre vie,
ou si vous contrôliez mieux
vos réactions à ce qui s'y passe ?
Comment pourriez-vous
avoir plus de ce type de contrôle ?

47

Pensez-vous
que les « lunettes déshabilleuses »
high-tech
qui permettent de voir
à travers les vêtements des gens
devraient être interdites ?
Combien paieriez-vous
une paire de lunettes
qui met les gens à nu ?

48

Préféreriez-vous

avoir une vie professionnelle très réussie
mais une vie personnelle seulement acceptable,
ou bien avoir une vie personnelle très épanouie
mais une vie professionnelle inintéressante ?

Si vous attachez plus d'importance

à votre vie personnelle,
est-ce que cela se ressent dans vos priorités ?
Si non, pourquoi n'est-ce pas le cas ?

49

Quelle est la chose
la plus scandaleuse que vous ayez faite ?
Y repensez-vous plus
avec plaisir ou avec regret ?

Souhaiteriez-vous
avoir été plus prudent dans la vie,
ou moins ?

Si cela n'avait pas
d'impact négatif sur la santé des gens,
rendriez-vous toute la population
de la planète stérile,
sauf pendant les mois où ils prendraient
une « pilule de fertilité »
facile d'accès et bon marché ?
De combien pensez-vous
que taux de natalité chuterait
si concevoir un enfant nécessitait
une démarche aussi délibérée ?

Si vous pouviez
vous approprier n'importe quelle
capacité ou qualité
que vous admirez chez quelqu'un,
laquelle choisiriez-vous ?
Pensez-vous
que vous puissiez développer
cette capacité ou cette qualité chez vous
juste en y travaillant ?

52

En vous promenant au parc,

vous apercevez un inconnu et vous réalisez
avec une certitude absolue que si vous allez lui parler,
vous tomberez amoureux l'un de l'autre
plus profondément que vous imaginez cela possible.
Mais vous savez aussi que dans 6 mois cette personne
se fera renverser par un bus et mourra. Iriez-vous
à la rencontre de cette personne ou partiriez-vous ?
Supposez qu'une fois votre décision prise,
vous oublierez ce qui vous attend.

....

En matière d'amour,

est-ce l'intensité ou la permanence qui est
la plus importante à vos yeux ?
Vous engageriez-vous dans une longue
et merveilleuse histoire d'amour dont vous sauriez
qu'elle se terminera par une trahison douloureuse ?

53

Si vous pouviez
utiliser une poupée vaudou
pour faire du mal
à une personne de votre choix,
l'utiliseriez-vous ?
Si oui, sur qui ?

54

Si quelqu'un
organisait une fête pour vous
et invitait tous ceux
qui ont compté pour vous
dans votre vie,
qui seriez-vous
le plus réjoui de voir ?
Le plus anxieux ?
Pourquoi ?

55

Parti en voyage,
votre conjoint passe la nuit
avec un inconnu.
Si vous saviez qu'ils ne vont plus jamais
se revoir et que vous ne l'apprendrez pas,
voudriez-vous que votre conjoint vous le dise ?
Si les rôles étaient inversés,
avoueriez-vous ce que vous avez fait ?

. . . .

Jusqu'à quel point une liaison
devrait-elle être sérieuse pour que vous souhaitiez
et trouviez normal qu'on vous en parle ?
Dans quelle mesure
faites-vous confiance à votre conjoint ?
Dans quelle mesure devrait-il vous faire confiance ?

56

Votre caractère et votre humanité
ont-ils été plus forgés par le plaisir et le succès
ou par la douleur et la déception ?

. . . .

Si vous pouviez avoir
un moyen de protéger ceux qui vous sont chers
de la souffrance et de l'échec,
pensez-vous qu'ils finiraient à terme
par être diminués par vos efforts ?

57

Si vous deviez
soit changer de profession,
soit déménager dans une autre région,
que préféreriez-vous ?
Quelle nouvelle carrière ou nouvelle région
vous vient à l'esprit en premier ?

....

Est-ce que l'idée
d'être forcé à opérer un tel changement
vous semble plus ou moins attirante ?

58

Y a-t-il des gens

que vous enviez tellement
que vous souhaiteriez vraiment échanger
votre vie contre la leur ?
Si oui, qui ?

. . . .

Pensez-vous

que beaucoup de gens voudraient
échanger leur vie contre la vôtre
s'ils connaissaient toute votre histoire ?
Pourquoi ?

59

Pour une semaine de vacances

tous frais payés n'importe où dans le monde, seriez-vous
capable d'arracher les ailes d'un beau papillon ?
Si oui, auriez-vous mauvaise conscience au point que ça
vous gâche plus ou moins le plaisir de ces vacances ?
Et s'il s'était agi d'écraser un cafard ?

....

Une belle créature

mérite-t-elle plus de compassion qu'une créature laide ?
Si oui, pourquoi ?
Vous faites-vous du mal psychologiquement
en détruisant quelque chose que vous trouvez beau ?
Y a-t-il une différence significative entre arracher
les ailes d'un insecte et l'écraser avec le pied ?
En échange de quoi seriez-vous prêt à arracher
les ailes d'un colibri ou d'une colombe ?

60

Si vous vouliez prendre
une nouvelle direction incertaine
dans votre vie,
mais que vos amis s'y opposaient vraiment,
le feriez-vous tout de même
contre leur avis si vous pensiez
que c'est un bon choix pour vous ?

61

Si vous étiez pris pour modèle
par des millions d'enfants
qui suivaient de près vos choix
de vie, que changeriez-vous dans
votre comportement ?
Et s'il n'y avait
que vos propres enfants qui y prenaient
garde et en étaient affectés ?

Seriez-vous prêt

à assassiner un enfant innocent
pour mettre fin à la faim dans le monde ?
Si oui, et si cet enfant devait être le vôtre ?

. . . .

Et si vous deviez

torturer cet enfant à mort pour en sauver
d'autres millions de la faim ?

. . . .

Que pensez-vous

des gens qui accomplissent de grandes choses
en compromettant complètement leurs valeurs ?

63

Si Dieu

vous apparaissait dans une série de rêves
très saisissants et émouvants,
et qu'il vous disait de tout abandonner,
de partir seul en voyage vers la mer de Galilée,
et de devenir pêcheur, le feriez-vous ?

....

Et si Dieu

vous demandait de tuer votre enfant
pour lui prouver votre foi ?
Ou d'être fécond et d'avoir autant d'enfants
que vous le pouvez ?

64

Si vous pouviez disposer
gratuitement et de façon illimitée
pendant 5 ans des services
d'un excellent cuisinier,
d'un chauffeur,
d'une femme de ménage,
d'une masseuse
ou d'une secrétaire personnelle,
lequel choisiriez-vous ?

65

Si une amie très proche
vous apprenait qu'elle a un cancer incurable
et qu'il ne lui reste plus que 6 mois à vivre,
est-ce que vous vous éloigneriez d'elle
ou est-ce que vous essaieriez
de passer plus de temps avec elle ?

Si vous appreniez
qu'il ne vous reste que 6 mois à vivre,
mais que votre maladie ne sera pas visible
avant les derniers jours, combien de temps
attendriez-vous pour le dire à votre famille ?
Vos amis ? Vos connaissances ?

66

Quel est votre plus grand
accomplissement ?
A-t-il pris autant de valeur à vos yeux
que ce à quoi vous vous attendiez ?
Y a-t-il quelque chose
que vous espérez faire
et qui serait encore mieux ?

Si votre famille vivait
dans une région de basse altitude
en bord de mer, en quoi cela changerait-il
vos vies de savoir qu'en raison
du réchauffement climatique,
le niveau de la mer va monter
de 30 centimètres par siècle et
que l'endroit sera totalement submergé
d'ici quelques centaines d'années ?

68

Vous sépareriez-vous

de la moitié de ce que vous possédez
en échange d'une pilule
qui vous transformera définitivement
de façon à ce qu'une heure de sommeil par jour
suffise à vous reposer totalement
sans effets secondaires ?

Avez-vous l'impression

d'avoir assez de temps ?
Si non, qu'est-ce qui pourrait
vous donner cette impression ?
À mesure que vous vieillissez,
vous importe-t-il de plus en plus ou de moins
en moins de « perdre » votre temps ?

69

Si vous saviez

qu'en vous consacrant entièrement
pendant 20 ans à une passion – devenir musicien,
écrivain, acteur, homme/femme d'affaires,
médecin ou entrer en politique – vous deviendrez
l'un des meilleurs du monde
dans cette catégorie, le feriez-vous ?
Si oui, quel domaine choisiriez-vous ?

....

Si vous saviez

qu'en vous y consacrant ainsi entièrement,
vous aviez des chances de succès,
mais que ce n'était pas garanti,
essaieriez-vous tout de même ?

70

Quelle a été
votre meilleure expérience
avec la drogue
ou l'alcool ?
Et la pire ?

Seriez-vous prêt
à vous faire implanter une puce
informatique de la taille d'un grain de riz
dans le doigt qui vous permette
de vous passer définitivement
de clés et de cartes de crédit,
et de faire des achats ou d'ouvrir
des portes d'un simple geste
de la main ?

72

Que pourrait-on deviner

sur vous en fonction des amis
que vous avez choisis ?

....

Vos amis proches

sont-ils plutôt plus jeunes ou plus vieux que vous ?
Plutôt plus doués ou moins ?
Ayant mieux réussi ou moins bien ?
Partagent-ils vos valeurs ?
Vos ambitions ?
Vos centres d'intérêt ?

73

Vous feriez-vous
retirer un doigt chirurgicalement
si cela pouvait vous garantir
d'être immunisé contre toutes
les maladies graves ?

74

Si on vivait pendant des siècles

et que même les gens très vieux étaient
vigoureux et en bonne santé, préféreriez-vous être
en couple avec quelqu'un d'assez vieux et expérimenté
pour connaître le monde, ou avec quelqu'un
de plus jeune et de plus naïf qui verrait la plupart
des choses pour la première fois ?
Pourquoi ?

....

Préféreriez-vous partir en vacances

dans un nouvel endroit avec un ami
qui connaîtrait le pays dans ses moindres recoins,
ou avec quelqu'un qui, comme vous,
le découvrirait pour la première fois ?

Si l'État pouvait utiliser

un ensemble de caméras, de capteurs implantés
et d'appareils de surveillance automatiques
pour suivre chaque mouvement d'un criminel en liberté
conditionnelle indéfiniment afin d'empêcher
de futures récidives, imposeriez-vous cela
aux malfaiteurs après leur sortie de prison ?
Si oui, pendant combien de temps
voudriez-vous leur enlever leur vie privée,
et quelles limites mettriez-vous à leurs activités ?
Si non, pourquoi ne le feriez-vous pas ?

76

Si vous viviez dans un quartier

où la criminalité est très élevée
et où la police tarde toujours à intervenir,
achèteriez-vous une arme à feu ?

Si la plupart de vos voisins

détenaient une arme en toute légalité,
vous sentiriez-vous mieux protégé ou plus exposé
à des risques que vous ne l'êtes aujourd'hui ?

Si vous découvriez
que, lorsque vous avez été conçu,
vous étiez l'un de cinq embryons
identiques et que vous avez
quatre jumeaux identiques vivants,
seriez-vous plutôt intrigué
ou plutôt désemparé ?
Auriez-vous envie
de les rencontrer ?

78

Votre maison, qui contient
tout ce que vous possédez, prend feu ;
après avoir sauvé votre famille
et vos animaux de compagnie,
vous avez le temps d'y faire
un dernier saut pour sauver
encore quelque chose.
Qu'est-ce que ce serait ?

Quel est l'affrontement
physique le plus violent
que vous ayez eu avec quelqu'un
ces dernières années ?
Qui a eu le dessus ?

80

Comment réagiriez-vous

si vous deviez apprendre qu'avant vous
votre conjoint a eu une histoire d'amour avec une personne
qui n'est pas du même sexe que vous ?

....

Avez-vous déjà été attiré

sexuellement par des personnes des deux sexes ?
Par quelqu'un de votre famille ?
Par quelqu'un déjà en couple ?
Si oui, comment avez-vous réagi
(et comment a réagi la personne concernée) ?

81

Si vous aviez le pouvoir
de vous rendre à n'importe quelle
époque du futur et d'en revenir
un an plus tard en conservant tout
ce que vous aurez pu apprendre au cours
de cette visite, le feriez-vous ?
Quelles seraient les choses
les plus intéressantes à découvrir ?
Quelle valeur ces informations
pourraient-elles avoir pour vous ?

On vous propose 4 millions d'euros
pour jouer à une variante
de la roulette russe : vous avez
devant vous 10 pistolets, dont 1 chargé.
Vous devez en choisir un,
viser votre front et appuyer sur la gâchette.
Si vous vous en sortez,
vous devenez multimillionnaire.
Tenteriez-vous votre chance ?

Préférez-vous

faire une partie d'un jeu avec quelqu'un de plus doué
ou de moins doué que vous ?
Votre réponse serait-elle différente
s'il devait y avoir des spectateurs ?

....

Qu'est-ce que vous ressentiriez

à toujours vous décrire comme ordinaire,
ni meilleur ni moins bon que les autres ?
Serait-ce un soulagement
ou une déception si vous réalisiez
que c'était effectivement vrai ?

84

Si votre mère était malade,

clouée au lit, à quelques semaines de sa mort,
et qu'elle vous suppliait de lui donner du poison
pour pouvoir s'ôter la vie,
trouveriez-vous le moyen de le lui procurer ?

. . . .

Devrait-ce être illégal

d'aider une personne malade en phase terminale à mourir ?
Si oui, pourquoi ?
Si une personne n'était pas mourante mais
plongée dans une souffrance émotionnelle profonde,
devrait-elle être autorisée à se suicider ?

85

Si ce que vous possédez
n'avait aucune incidence
sur ce que les gens pensent de vous,
dépenseriez-vous votre argent
différemment ?

Si vous pouviez choisir
n'importe qui parmi les personnes
du monde entier, avec qui voudriez-vous
partager un dîner ?
Un ami ? Votre amoureux ?
Que cherchez-vous
chez un ami que vous n'attendez pas
d'un amoureux ?

Puisqu'être privé d'Internet
serait vécu par de nombreuses personnes
comme une punition,
pensez-vous qu'il est bon
de donner accès à Internet
aux détenus qui sont ostensiblement
punis pour un crime grave
qu'ils ont commis ?

88

Vous arrive-t-il souvent

de prendre du recul pour vous demander où vous allez ?
Serait-ce bénéfique pour vous
de réfléchir plus sur vous-même,
ou moins ?

Avez-vous des objectifs

spécifiques à long terme ?
Si oui, lequel est le plus important,
comment espérez-vous l'atteindre,
et en quoi pensez-vous que le fait de l'atteindre
améliorera votre vie ?

89

Une assurance-santé
haut de gamme propose, en échange
d'une somme fixe payable en une seule fois,
sans garanties, des soins médicaux
de classe mondiale promettant de vous
soigner quels que soient les problèmes
de santé que vous rencontrerez à l'avenir.
Quelle part de ce que vous possédez
aujourd'hui seriez-vous prêt à donner
pour une telle sécurité ?

Si, en sortant
de chez vous un matin,
vous voyiez un oiseau
avec une aile cassée
blotti dans un buisson,
que feriez-vous ?
Pourquoi ?

91

Des terroristes

envoient au président de la République un message
disant que s'il ne leur donne pas 20 milliards d'euros,
ils feront exploser une bombe nucléaire en plein Paris.
Que devrait faire le président ?
Que feriez-vous ?

....

Est-ce que cela

changerait quelque chose pour vous si la ville menacée
était Perpignan ou Montbéliard ?

92

Seriez-vous prêt

à vous passer de sexe pendant un an
si vous saviez que cela vous ferait accéder
à un niveau sérénité beaucoup plus profond
que celui que vous connaissez actuellement ?

....

De quoi seriez-vous prêt

à vous passer en échange
d'une vie sexuelle pleinement épanouie
et à volonté pendant un an ?

93

Ajouteriez-vous une décennie
à votre vie si cela impliquait de retirer
une décennie de la vie d'une autre
personne prise au hasard ?
Si oui, le feriez-vous si vous étiez
devenu ami avec cette personne
(et étiez resté en contact avec elle) ?

Un bon ami à vous

vous fait une farce très ingénieuse,
comme seule pourrait le faire une personne qui vous
connaît vraiment bien, et vous ridiculise totalement.
Comment réagiriez-vous ?
Est-ce que ça changerait quelque chose
si vous saviez que cette farce n'était destinée
qu'à vous faire voir un côté de vous-même
dont vous n'aviez pas conscience ?

Pardonnez-vous facilement

à vos amis lorsqu'ils vous font un mauvais coup ?
Vous attendez-vous à plus ou à moins de générosité de leur
part lorsque vous vous retrouvez en mauvaise posture ?

95

Vous sentez-vous à l'aise à sortir
dîner ou aller au cinéma tout seul ?
Préférez-vous être seul
dans ce type de situation,
ou plutôt accompagné
par quelqu'un que vous n'appréciez
que modérément ?

Si vous saviez
que vous pouvez diriger des fonds
de recherche médicale de façon
à trouver en 15 ans un remède
à une maladie donnée,
mais ne faire que très peu de progrès
pour toutes les autres,
concentreriez-vous vos recherches
sur cette seule maladie ?
Si oui, laquelle et pourquoi ?

97

Si votre meilleur ami

tombait éperdument amoureux d'une personne
qui ne vous inspirait que de la méfiance, et que vous
pouviez utiliser un service anonyme pour obtenir toutes
les informations sur son historique bancaire, médical
et professionnel, son cursus scolaire, ses tickets de parking,
ses opinions politiques, ses éventuels emprunts,
et ses interventions sur Facebook, le feriez-vous ?
Si oui, quel type de découverte faudrait-il pour que
vous interveniez afin de protéger votre ami ?

Si vous saviez que la surveillance

de données privées allait devenir banale
dans une dizaine d'années et que la vie de tout le monde
n'aurait plus de secret pour personne, de quelle manière
commenceriez-vous à changer votre comportement ?
Pensez-vous que tout savoir sur les gens
qui vous entourent est une bonne chose ?

98

Si vous saviez

que vous êtes destiné à ne jamais accomplir
quoi que ce soit de vraiment important,
en quoi cela changerait-il vos objectifs et votre attitude ?
Et si vous saviez
que vous êtes destiné à de grandes choses,
mais que vous ne saviez pas quoi ?

. . . .

Qu'est-ce qui, selon vous,

semblera le plus significatif dans votre vie lorsque
vous en ferez le bilan dans de nombreuses années ?

. . . .

Que pensez-vous

que vous regretterez lorsque vous ferez le point ?

99

Si vos parents
devenaient infirmes et que vous deviez
choisir entre les installer chez vous
ou les mettre en maison de retraite,
que feriez-vous ?
Et s'il s'agissait d'un de vos frères
et sœurs qui devenait incapable de vivre
de façon autonome ?

100

Si une percée technologique

pouvait permettre aux gens de voyager
d'un pays à l'autre de façon aussi rapide et aussi peu chère
qu'ils le font aujourd'hui entre deux villes voisines,
mais au prix de 500 000 morts par an, seriez-vous favorable
à ce que cette technologie se développe ?

. . . .

Si vous aviez vécu en 1900

et su que les voitures allaient causer
20 millions de morts au siècle suivant,
auriez-vous arrêté leur développement ?
Quelles technologies actuelles
pensez-vous être trop dangereuses à développer,
sachant que chaque année la voiture
tue 500 000 personnes, et la cigarette 5 millions ?

101

Si vous étiez condamné
à entendre l'un des sons suivants
toute la matinée, chaque matin
au cours de l'année à venir,
lequel serait le pire : un bébé qui pleure,
quelqu'un qui crie,
un ivrogne qui grommelle
sous l'effet de l'alcool,
ou la chanson *It's a Small World*
en boucle ?

Vous et une personne
que vous aimez profondément
êtes placés dans des pièces séparées,
avec chacun un bouton à côté de vous.
Chacun de vous sait que vous serez
tous les deux tués si l'un d'entre vous
n'appuie pas sur le bouton
au cours des 60 prochaines minutes.
Vous savez aussi que le premier
à appuyer sur le bouton sauvera l'autre,
mais mourra immédiatement.
Que faites-vous ?

103

Si vous pouviez voyager

dans le passé, mais sans pouvoir
en revenir, le feriez-vous ?
Où iriez-vous et qu'essaieriez-vous de faire
si votre objectif était de modifier
le cours des événements ?

. . . .

En quoi pensez-vous

que le monde d'aujourd'hui serait différent
si vous pouviez réaliser un tel changement ?
Seriez-vous surpris si les conséquences à long terme
de votre intervention étaient mauvaises ?

Préféreriez-vous
mourir paisiblement
et entouré d'amis à l'âge de 50 ans,
ou dans la douleur et la solitude
à l'âge de 80 ans ?

105

À quelle occasion votre vie
a-t-elle pris un tournant décisif
à la suite d'un événement ou d'une influence
en apparence banal ?

....

Pensez-vous

que vivre comme si vous contrôliez
votre propre destinée est une bonne idée ?
Vivez-vous de cette façon ?

Travailler deux fois moins qu'aujourd'hui en gardant les mêmes revenus, ou bien travailler autant mais en étant payé deux fois plus : laquelle de ces deux options choisiriez-vous ?

En se disputant avec vous
au téléphone, un ami proche
se met en colère, puis raccroche.
Si il ne rappelle pas, le faites-vous ?
Si oui, combien de temps
attendez-vous ?

108

Vous est-il déjà arrivé
d' « emprunter » de l'argent
(ou quoi que ce soit d'autre)
à votre famille ou à vos amis
et de ne pas le rendre ?
Si oui, pourquoi ?
Y a-t-il des personnes
qui vous ont fait ça, et quelles
ont été les conséquences ?

109

En échange
d'une richesse exceptionnelle,
accepteriez-vous de faire des cauchemars terrifiants
toutes les nuits pendant un an ?

....

Que feriez-vous
si vous saviez que, à moins de changer
de travail et d'accepter d'avoir des revenus nettement
diminués, vous allez avoir de fréquentes insomnies
et faire un cauchemar épouvantable
tous les mois ?

110

Seriez-vous d'accord
pour vous rendre à un abattoir
et tuer une vache ?
Mangez-vous de la viande ?

111

Souhaiteriez-vous

enregistrer tout ce que vous entendez ou voyez
24 heures sur 24, 7 jours sur 7, toute l'année ?

....

Si vous pouviez

facilement retrouver et vous repasser
n'importe quelle conversation ou interaction
que vous avez eue, quel effet cela
aurait-il sur vos relations ?

112

Si vous pouviez

faire connaître à une personne la moindre
de vos émotions et pensées pendant une semaine,
à qui, si cette personne existe,
souhaiteriez-vous vous ouvrir si complètement ?
Pensez-vous que cette personne vous aimera plus
ou moins à la fin de la semaine ?

Si les gens vous connaissaient

dans votre vérité la plus profonde – avec vos faiblesses
et vos limites, vos forces et vos succès – pensez-vous
que cela changerait beaucoup ce qu'ils pensent de vous ?
Qu'est-ce qui les surprendrait le plus ?

113

Apprécieriez-vous
un mois de solitude,
entièrement seul
dans un beau cadre naturel isolé,
avec nourriture et hébergement
à disposition ?

114

Après vous avoir

fait passer des examens,
votre médecin appelle pour vous dire
que vous avez un cancer du système lymphatique
rare et qu'il ne vous reste qu'un mois à vivre.
Une semaine plus tard, il vous informe
que le laboratoire s'est trompé dans les tests
et que vous êtes en parfaitement bonne santé.
Pensez-vous que la clairvoyance
que vous pourriez avoir gagnée en devant regarder
la mort de si près en vaut la peine ?

....

Selon vous,

quels changements cela entraînerait-il dans votre vie
de devoir envisager la mort de près ?

115

Lors d'un après-midi de canicule,
vous traversez le parking
d'un grand centre commercial et voyez
un chien enfermé dans une voiture,
qui suffoque dans la chaleur.
Faites-vous quelque chose
pour essayer de trouver une solution ?
Si oui, quoi ?

116

Si cela pouvait faire baisser
considérablement la criminalité
dans votre communauté,
mettriez-vous toutes les routes, les trottoirs,
parkings et autres espaces publics
sous surveillance vidéo permanente ?

· ·

Et s'il fallait
que tout le monde ait toujours ses papiers d'identité
sur soi dans les lieux publics ?

117

Si vous pouviez
mettre fin au tabagisme
en diffusant un agent pathogène
qui tuerait tous les plants de tabac
dans le monde, le feriez-vous ?
Si cela vous posait problème
de le faire, qu'est-ce qui
vous perturberait le plus ?

118

Si vous saviez
que vous allez mourir
d'un arrêt cardiaque dans un an,
en quoi modifieriez-vous
votre vie ?

119

Si les gens utilisaient
au quotidien de minuscules caméras
pour enregistrer précisément
ce qu'ils voient et entendent,
quelles tranches de vie regarderiez-vous ?
Imaginez, mis à disposition en direct
sur Internet, un nombre infini
de vidéos insolites d'expériences,
vécues à la première personne, de tout,
allant de bagarres à des crimes,
du sport ou du sexe.

120

Accepteriez-vous

1,5 million d'euros pour quitter le pays
et ne plus jamais y remettre les pieds ?
Quelle serait la somme minimum à partir de laquelle
vous seriez sérieusement tenté d'accepter ?

....

Si vous deviez fuir

le pays demain et ne jamais y revenir,
où iriez-vous pour vous construire une nouvelle vie,
et pourquoi ?

121

La pornographie infantile
est passible de très lourdes peines.
La pornographie infantile virtuelle,
consistant à mettre en scène
des adultes avec des images réalistes
générées par ordinateur,
mais pas de vrais enfants, devrait-elle
être passible des mêmes peines ?
Si oui, pourquoi ?

122

Lorsque vous racontez
une chose qui vous est arrivée,
avez-vous tendance à systématiquement
exagérer ou enjoliver ?
Si oui, pourquoi ?

123

De quelle manière

cela affecterait-il votre vie si vous saviez
avec certitude que dans 500 ans l'humanité se sera
réinventée et sera incroyablement prospère ?
Et si au contraire vous saviez
que la civilisation humaine aura disparu,
détruite par une guerre mondiale
ou par des catastrophes écologiques ?

. . . .

Que feriez-vous

si vous étiez le seul à savoir
que dans 20 ans précisément, le soleil va exploser
et ce sera la fin du monde ?

124

Est-ce que vous avez du mal
à demander de l'aide ?
Si oui, en quoi cela vous ennuie-t-il le plus ?

. . . .

Vers qui vous tourneriez-vous
si vous aviez besoin d'aide ? Pourquoi ?
Pensez-vous que cette personne pensera à vous
si elle se retrouvait dans l'embarras ?

125

Vous recueillez des fonds
pour une œuvre de charité,
et une personne accepte de donner
une somme très généreuse si vous montez
sur scène seul devant un millier de
personnes lors d'un événement organisé
prochainement par l'œuvre en question.
Acceptez-vous ?
Si oui, quel montant, le cas échéant,
suffirait-il à vous convaincre,
et quel type de performance feriez-vous
sur scène ?

126

Comment se passerait

votre enterrement si vous mouriez demain ?
Qui voudrait prendre la parole,
et que diraient ces personnes sur vous
si elles parlaient en toute franchise ?

....

Vous importe-t-il beaucoup

d'être regretté après votre mort ?

127

Un mouvement de lutte

contre la corruption politique soutient que la seule façon
d'avoir des politiciens à peu près honnêtes
est de leur imposer de porter de minuscules caméras vidéo
qui enregistreraient la moindre de leurs interactions
et de les mettre en ligne sur Internet.
Seriez-vous favorable à une telle surveillance
des élus les plus importants ?

Quel genre de personnes

seraient attirées par la politique si cela impliquait
une telle perte de vie privée ?
En quoi pensez-vous
qu'une telle ouverture affecterait le lobbying ?
Qu'est-ce qui vous inquièterait le plus
dans une telle transparence ?

128

Vous, vos amis les plus proches,
et votre père êtes en vacances ensemble,
partis faire de la randonnée autour
d'un lac dans une région très sauvage.
Vos compagnons tombent
sur un nid de serpents venimeux
et se font gravement mordre.
Vous savez qu'aucun d'entre eux
n'en réchappera sans une dose immédiate
et entière de sérum,
mais vous n'en avez qu'une.
Que faites-vous ?

129

Si votre enfant
devait être soit sans personnalité,
soit stupide, soit laid,
que préféreriez-vous ?
Votre choix dépendrait-il
du sexe de l'enfant ?

130

Si vous pouviez vous placer
où vous voulez sur une échelle de 1 à 10,
où 1 correspond au confort
et à la sécurité maximale, et à se fixer
des objectifs à portée de main,
et 10 au fait de prendre des risques,
de se battre et d'avoir des objectifs
ambitieux, à quel chiffre aimeriez-vous
vous situer, et pourquoi ?
Où vous situez-vous aujourd'hui ?

131

Travaillez-vous plus
à obtenir de l'admiration et de la reconnaissance,
ou à éviter les critiques ?

. . . .

Dispensez-vous
plus de critiques ou de louanges ?

Seriez-vous d'accord
pour subir une opération sans grand
danger destinée à vous implanter
un appareil de surveillance cardiaque
permanente qui détecte
les éventuels signes avant-coureurs
d'une crise cardiaque et permet
de faire appel à une aide médicale
avant qu'elle survienne ?

133

Si vous travailliez
pour le gouvernement et découvriez
que le président commet des crimes
graves dans le but de faire advenir
des choses positives en lesquelles
vous croyez tous les deux, essaieriez-vous
de révéler ces crimes au grand jour ?
Si oui, et si vous saviez
que votre réputation serait elle aussi
détruite par la même occasion ?

134

Que feriez-vous

si vous étiez abordé dans une rue pleine de monde
par un inconnu habillé très convenablement
qui vous disait qu'il a perdu son portefeuille
et vous demandait en s'excusant si vous pouvez
lui donner 7,50 € pour acheter un billet de train ?

Et qu'en serait-il

si vous étiez abordé par un inconnu hagard
qui vous réclame de l'argent en vous disant qu'il a faim
et qu'il n'arrive pas à trouver du travail ?

135

Si vous pouviez vivre
jusqu'à l'âge de 100 ans en ayant soit le corps,
soit l'esprit d'une personne de 25 ans
pendant tout le reste de votre vie, que préféreriez-vous ?
Et si vous deviez choisir entre garder votre corps
ou votre esprit tel qu'il est aujourd'hui ?

Qu'est-ce qui d'après vous
serait le plus dur dans le fait de vivre
des centaines d'années sans vieillir ?

136

Aspirez-vous plus
à la sécurité, à l'accomplissement,
au succès, à l'amour, au pouvoir,
ou au plaisir ?

137

Si vous deviez faire un pari
à 50/50 qui vous rapporte 10 fois
votre mise si vous gagnez, quelle somme
seriez-vous prêt à risquer ?
Et si vos chances de gagner
étaient de 90 % et que les gains étaient
toujours de 10 fois votre mise ?

138

Quelles sont vos deux habitudes
les plus compulsives ?
Luttez-vous pour vous en défaire ?
Si oui, qu'est-ce que cela vous ferait
de les accepter et d'arrêter d'essayer
de changer ?

139

Si vous deviez effectuer
toutes vos communications électroniques
avec vos amis et collègues en n'utilisant
qu'un seul des outils suivants : téléphone,
texto, e-mail ou médias sociaux ;
lequel choisiriez-vous et de quelle manière
pensez-vous que cela changerait
votre rapport aux autres ?

140

Si vous pouviez lancer

des virus destinés à éliminer trois espèces vivantes
de votre choix, quels animaux ou plantes
choisiriez-vous de faire disparaître ?
Y en a-t-il dont vous aimeriez être débarrassé
mais que vous n'élimineriez pas
par souci écologique ?

....

Si vous ne souhaitez

faire disparaître aucune espèce, pensez-vous
que les scientifiques devraient arrêter d'essayer d'éradiquer
le parasite de la malaria, qui tue 3 000 personnes par jour,
et la mouche tsé-tsé, qui contamine presque
autant de personnes de la maladie du sommeil ?

141

Que feriez-vous
si vous découvriez que votre ami
le plus proche était
un dealer d'héroïne ?

142

Vous traversez un quartier

désert mais tranquille tard dans la nuit en voiture,
et un chien surgit devant vous sur la route.
Vous freinez de toutes vos forces,
mais vous heurtez tout de même l'animal.
Vous arrêtez-vous pour lui porter secours ?

....

Si vous vous arrêtez

et que le chien est mort
mais a un collier avec son adresse,
appelez-vous son propriétaire ?

Le viagra n'est qu'un début.

S'il existait deux nouveaux produits,
l'un destiné à augmenter votre libido
pendant 24 heures, et l'autre à la faire baisser,
pensez-vous que vous utiliseriez
l'un d'eux régulièrement – par exemple,
pour augmenter votre libido à des fins récréatives
et la faire baisser quand vous avez du travail ?

....

Si vous pouviez

consciemment contrôler votre libido,
pensez-vous que votre vie serait meilleure
ou pire qu'elle l'est aujourd'hui ?
Si vous deviez multiplier ou diviser
par deux l'appétit sexuel de votre partenaire,
que choisiriez-vous ?

144

Si, en faisant le sacrifice

de votre vie, vous pouviez apporter
une telle contribution à l'humanité
que vous en serez honoré partout, le feriez-vous ?
Si oui, et si vous saviez que votre sacrifice
ne sera jamais reconnu, et que tout le mérite
en reviendra à quelqu'un de vous détestez ?

. . . .

Pensez-vous

que votre décision changerait si vous étiez plus jeune
ou plus vieux que vous l'êtes aujourd'hui ?

145

Si vous pouviez
garder les mêmes revenus
quel que soit le métier que vous exercez,
vous engageriez-vous
dans une autre profession ?
Si oui, laquelle choisiriez-vous,
et pourquoi ?

146

Le fait de n'avoir jamais
fait une chose de votre vie
la rend-elle plus attirante
ou moins attirante à vos yeux ?

Un psychopathe

vous harcèle sur Internet et se lance
dans un plan d'attaque impitoyable contre vous
fait d'e-mails menaçants, d'accusations abominables
sur les médias sociaux, et de messages nuisibles
à votre famille, vos amis et vos connaissances.
Les autorités ne peuvent rien faire,
et tout ce que vous avez tenté a été vain.
Il ne reste plus que deux solutions :
apprendre à vivre avec, ou payer une forte somme
à quelqu'un qui trouvera et tuera cette personne
en toute discrétion.
Laquelle choisiriez-vous ?

148

Êtes-vous proche de votre famille,

et vous sentez-vous bien entouré par elle ?
Avez-vous le sentiment d'avoir eu une enfance
plus heureuse que la plupart des gens ?

··

Pensez-vous

que les enfants doivent être protégés de la souffrance ?
Quelles sont les expériences de votre enfance
qui se sont révélées les plus enrichissantes ?
Quelles ont été les plus difficiles à surmonter ?
S'agissait-il d'expériences
heureuses ou malheureuses ?

149

Seriez-vous d'accord
pour vous passer de sexe
pendant 5 ans si vous pouviez
faire de merveilleux rêves érotiques
toutes les nuits à la place ?

À un dîner,
des personnes que vous connaissez
se mettent à rabaisser une
de vos connaissances communes.
Défendriez-vous cette personne
si vous aviez le sentiment
que la critique était injustifiée ?

151

Souhaiteriez-vous

que votre vieillissement physique
soit ralenti au point que, à moins d'un accident,
vous viviez jusqu'à 1000 ans ?

··

Pensez-vous

que vous vous sentiriez vite lassé
ou incapable de vous lier aux autres ?
Dans quelle mesure serait-il difficile
pour vous de savoir que vous survivrez
à tous ceux que vous aimez ?

À quelle période,
depuis votre adolescence,
avez-vous le plus évolué et changé ?
Si vous vouliez connaître
à nouveau une telle période,
que pourriez-vous faire
pour la déclencher ou faire bouger
les choses dans votre vie ?

153

Si vous aviez des difficultés

lors d'un examen important à l'école
et que vous pouviez tricher en toute sécurité en allant
regarder sur Internet, le feriez-vous ?

. . . .

Si vous voyiez quelqu'un

tricher à un examen, que feriez-vous ?
Est-ce que cela changerait quelque chose si vous aviez
(ou n'aviez pas) signé un code d'honneur ?

154

Si, lors d'un dîner festif
chez des amis, vous trouvez
un cafard dans votre salade,
que faites-vous ?

155

Pour 35 000 euros,
supprimeriez-vous un animal
en bonne santé que vous aimez ?
De combien cette somme pourrait-elle
être augmentée ou diminuée
pour que votre réponse change ?

....

Que diriez-vous si l'animal
n'était pas le vôtre, mais celui d'un enfant
ou d'un ami qui vous demande conseil
pour prendre cette décision ?

156

Qu'est-ce qui serait pire :
devoir quitter son pays et ne jamais
y revenir, ou ne jamais pouvoir
vous éloigner de plus de 250 kilomètres
de chez vous ?

157

Si vous pouviez devenir
quelqu'un de brillant en acceptant
d'avoir une cicatrice visible qui s'étendrait
de votre bouche à votre oreille,
le feriez-vous ?

158

Quel est le rêve

le plus agréable que vous ayez jamais fait ?
Et votre pire cauchemar ?

. . . .

Si vous pouviez

écrire le scénario de votre prochain rêve,
quelle en serait l'histoire ?
Qu'avez-vous, si ça a jamais été le cas,
appris sur vous-même par vos rêves ?

159

Accepteriez-vous
de raccourcir votre vie
de dix ans pour devenir
extraordinairement séduisant ?
Célèbre ? Riche ? Intelligent ?
Ou en échange de toute
autre qualité ou don ?

Si 100 personnes de votre âge
étaient choisies au hasard dans le dernier
établissement scolaire ou lieu de travail
que vous avez fréquenté, à votre avis
combien d'entre elles sont plus satisfaites
de leur vie que vous l'êtes de la vôtre ?
Pourquoi ?
Et s'il s'agissait de 1 000 personnes
choisies au hasard dans le monde ?

Cela vous dérangerait-il beaucoup
si, au moment de votre mort,
votre corps était jeté dans les bois
et qu'on l'y laissait se décomposer ?
Pourquoi ?

162

Si vous aviez le choix
entre deux médicaments à peu près
équivalents, l'un chimique soigneusement
mis au point en laboratoire,
et l'autre composé d'extraits naturels
soigneusement élaborés à partir de plantes
médicinales, lequel préféreriez-vous
et pourquoi ?

163

Vous feriez-vous faire un tatouage
de la taille d'une grande assiette
si vous saviez que cela pouvait sauver
les vies d'un car entier de touristes
innocents qui mourraient sinon ?
Si oui, quel dessin de tatouage
et quel emplacement choisiriez-vous ?

164

Combien
de partenaires sexuels différents
avez-vous eu dans votre vie ?
Souhaiteriez-vous
en avoir eu moins ou plus ?
Pourquoi ?

165

Qu'est-ce qui a
tant d'importance à vos yeux que, sans cela,
la vie ne vaudrait pas la peine d'être vécue ?
Votre réponse aurait-elle été différente il y a 10 ans ?

....

Avez-vous déjà
sérieusement envisagé de vous suicider ?
Si oui, pourquoi ?

166

Sachant qu'une femme
peut concevoir un enfant longtemps
après la ménopause en utilisant
un ovule congelé, y a-t-il un âge
au-delà duquel cela devrait être illégal
pour les femmes de porter un enfant ?
Pourquoi ?
Et les hommes ?
Si oui, comment puniriez-vous ceux
qui transgresseraient cette loi ?

167

Si vos amis et connaissances
voulaient vous dire en toute franchise
ce qu'ils pensent de vous, voudriez-vous qu'ils le fassent ?
Que pensez-vous qu'ils pourraient dire ?

. . . .

Quelle énergie
dépensez-vous à essayer d'impressionner les autres ?
Est-ce que cela vous ennuie
quand les autres vous apprécient
parce qu'ils pensent que vous avez des qualités
qu'en réalité vous n'avez pas ?

168

Si vous pouviez vous réveiller
demain dans le corps de quelqu'un d'autre
et mener la vie de cette personne,
le feriez-vous ?
Si oui, qui choisiriez-vous ?
Et si vous redeveniez
vous-même dans un mois ?
Ou dans un an ?

169

Aimeriez-vous

que l'État installe des capteurs universels
sur les voitures et les routes, et que les gens
qui dépassent les limites de vitesse,
brûlent des stops ou se garent
à des emplacements non autorisés
soient verbalisés automatiquement ?

....

Qu'est-ce qui vous attire

le plus dans une application agressive
et intransigeante de la loi ?
Qu'est-ce qui vous repousse ?

170

Si vous étiez relativement
heureux en mariage, n'aviez pas d'enfants,
et que vous rencontriez quelqu'un
dont vous savez qu'il vous apportera
une passion dévorante et dévastatrice
pour le restant de vos jours,
quitteriez-vous votre conjoint ?
Et si vous aviez de jeunes enfants ?

171

Prendriez-vous un médicament

qui vous rendrait extraordinairement heureux
pendant 12 heures sans effets secondaires ?
Si non, pourquoi ?
Si oui, et s'il rendait dépendant et que vous en arriviez
bien vite à vouloir être heureux tout le temps ?

. . . .

Utiliseriez-vous un médicament

euphorisant qui aurait un effet secondaire sérieux :
le lendemain, vous vous rappelleriez votre sentiment
de bonheur intense mais pas ce qui se serait passé ?
Y a-t-il des souvenirs que vous chérissez
plus pour ce que vous avez ressenti
que pour ce qui s'est réellement passé ?

Qui est la personne
la plus importante de votre vie ?
Que pourriez-vous faire
pour améliorer cette relation ?
Le ferez-vous un jour ?

173

Lorsque vous faites
quelque chose de ridicule,
dans quelle mesure cela vous contrarie-t-il
que les autres le voient et se moquent de vous ?
Qu'est-ce qu'il y a de plus drôle chez vous ?

Quand avez-vous
vraiment ri de vous-même pour la dernière fois ?
Qu'y avait-il de si drôle ?

174

Vous devez subir
une dangereuse opération du cerveau
et vous devez choisir entre deux
chirurgiens : l'un extrêmement doué
mais une ordure malhonnête, l'autre moins
doué mais très honnête et sympathique.
Lequel choisissez-vous ?
Et si vous étiez accusé d'un crime
grave et que vous aviez le même choix
à faire entre deux avocats ?

175

Croyez-vous à la peine capitale ?
Appuyeriez-vous sur l'interrupteur
pour exécuter un homme condamné
à mort si vous étiez choisi au hasard
par les tribunaux pour le faire
et que vous saviez qu'il sera libéré
si vous refusez ?
Supposez que vous ne savez rien
de son crime.

176

Si vous pouviez
changer quelque chose à la manière
dont vous avez été élevé, que serait-ce ?

....

Dans quelle mesure
traiterez-vous vos enfants différemment
de la façon dont vos parents vous ont traité ?
Si vous aviez déjà élevé des enfants
et pouviez le refaire en sachant ce que vous savez
aujourd'hui, que changeriez-vous ?

177

Y a-t-il quelque chose

que vous rêvez de faire depuis longtemps
mais que vous n'avez pas fait ?
Pourquoi ne l'avez-vous pas fait ?
Vaut-il mieux avoir des rêves qui ne se réaliseront
peut-être jamais, ou se contenter de ceux
qui peuvent facilement se concrétiser ?

Dans quelle mesure

votre vie serait-elle meilleure si vos rêves se réalisaient ?
Quels rêves avez-vous déjà réalisés ?

178

Croyez-vous en Dieu ?
Si non, pensez-vous
que vous pourriez néanmoins prier
si vous étiez dans une situation
où votre vie était en péril ?

179

Votre fille de 12 ans
s'infiltre dans la base de données
d'une entreprise et cause 750 000 euros
de dégâts. Prise en faute, elle explique
en larmes que c'était juste une farce
et qu'elle ne se doutait pas
qu'elle causerait tant de dégâts.
De quelle manière
devrait-elle être punie ?

180

Si vous accédiez,

après une longue randonnée, à une plage isolée
et que presque tout le monde s'y baignait nu,
resteriez-vous pour vous baigner ?
Si oui, vous baigneriez-vous nu ?

. . . .

Aimez-vous votre corps ?

Si vous vous réveillez par une chaude matinée
et avez tout votre temps pour traîner seul,
au bout de combien de temps
vous regardez-vous dans un miroir ?
Si vous dormez nu, au bout de combien de temps
vous habillez-vous ?

181

Avez-vous eu
un rapport sexuel vraiment satisfaisant
au cours de ces 3 derniers mois ?
Quels sont les ingrédients clés
qui rendent le sexe particulièrement
satisfaisant pour vous ?

182

Un jour que vous marchez

dans la rue, vous apercevez votre mère
tenant la main d'un homme qui est de toute évidence
son amant. Elle vous voit et fonce sur vous,
en vous suppliant de ne rien dire à votre père.
Que faites-vous ?

....

Et si c'était votre père

dont vous découvrez l'infidélité ?

183

Un de vos proches

va mourir dans quelques mois à moins
que vous lui fassiez don d'un de vos reins.
Si vous saviez que vos chances
de survivre à l'opération sont excellentes
et que votre espérance de vie n'en sera pas diminuée,
donneriez-vous votre organe ?
Et si l'opération était risquée ?

....

Et si vous pouviez refuser

sans que personne ne le sache ?
Ou si la personne avec un rein déficient
ne voulait pas que vous fassiez ce sacrifice ?

Vous êtes avec des amis
au bord d'un lac de montagne glacé
par un jour de grand soleil et de chaleur.
Si vous saviez qu'en sautant dans l'eau
vous serez violemment saisi par le froid,
mais qu'ensuite vous serez rafraîchi
et content de l'avoir fait,
sauteriez-vous ?

185

Avez-vous du mal

à dire non au point de vous retrouver parfois
à rendre des services contre votre gré ?
Si oui, pourquoi ?

....

Lorsque vous avez à dire

à quelqu'un une chose qu'il n'a pas envie
d'entendre, lui dites-vous directement ?
Si non, pourquoi pas ?

Quand avez-vous volé
quelque chose pour la dernière fois ?
Pourquoi n'avez-vous rien volé depuis ?
Y a-t-il quelque chose
que vous voleriez si vous étiez certain
de ne pas vous faire prendre ?

187

Préféreriez-vous
passer un mois en vacances
avec vos parents ou devoir travailler
pendant 4 semaines en faisant
des heures supplémentaires
sans compensation ?

Feriez-vous un sacrifice

important pour avoir l'une des choses suivantes :
votre portrait sur un timbre, votre statue dans un parc,
que votre nom soit donné à une université,
ou un prix Nobel ?

....

Dans quelle mesure

la célébrité vous impressionne-t-elle ?
Avez-vous déjà fait un grand sacrifice
pour quelqu'un sans en parler à personne ?
Qu'est-ce qui est le plus important à vos yeux :
savoir que vous avez fait quelque chose de bien,
ou être reconnu pour l'avoir fait ?

189

Si votre fils adolescent
mourait dans un accident improbable,
et que vous vouliez un autre enfant, préféreriez-vous
cloner un jumeau identique à votre fils décédé
ou essayer d'avoir un autre enfant naturellement ?

....

Et si vous n'étiez plus fertile
et ne pouviez pas faire autrement pour avoir
un enfant biologique à vous ?

Y a-t-il des sujets
trop graves pour qu'on en plaisante ?
Si oui, lesquels ?
(Supposez que vous n'êtes pas
dans un aéroport et en état
d'arrestation immédiate !)

191

Quand vous êtes-vous
senti véritablement stimulé et passionné
par votre travail pour la dernière fois ?
Et dans votre vie en général ?
Dans quelle mesure être passionné
est-il important pour vous ?

192

Si on vous tendait

une enveloppe contenant la date de votre mort,
et que vous saviez que vous ne pouviez rien faire pour
modifier votre destin, regarderiez-vous dedans ?

....

En quoi connaître la date

de votre mort vous aiderait-il à planifier votre vie
(si cela vous aidait) ?
Combien d'années pensez-vous sincèrement
qu'il vous reste à vivre ?

193

Vous arrive-t-il de cracher,
de vous curer les dents,
ou de vous curer le nez en public ?

194

Voudriez-vous

pouvoir choisir le sexe de votre enfant ?
Et si vous pouviez en toute sécurité
choisir d'autres critères :
QI, taille, tempérament, apparence physique ?

. . . .

Quels problèmes

cela pourrait-il soulever d'avoir un enfant beaucoup plus
beau ou beaucoup plus intelligent que vous-même ?

. . . .

Utiliseriez-vous

un procédé médical sûr pour modifier génétiquement
l'embryon en développement si cela
pouvait empêcher votre enfant de naître
physiquement ou mentalement handicapé ?

195

Si une personne que vous aimez
était sauvagement assassinée
et que son assassin était acquitté
sur un détail technique,
chercheriez-vous à vous venger ?

196

Si un de vos amis proches
vous demandait, et voulait sincèrement,
votre avis, mais que vous saviez
qu'il le blessera – par exemple,
s'il était un artiste et vous demandait
votre appréciation franche
de son talent artistique, mais que vous
trouviez qu'il est nul –
lui diriez-vous la vérité ?

197

Avez-vous
un fantasme sexuel de prédilection ?
Si oui, que donneriez-vous pour le réaliser ?

En avez-vous
parlé à votre conjoint ?

198

Quelles sont les choses
les plus importantes (hormis les enfants)
que vous ayez apportées au monde,
et qui n'existeraient pas sans vous ?

199

Aimeriez-vous connaître
votre risque de contracter une maladie
qui n'a pas de traitement efficace ?
Pourquoi ?

200

Un millionnaire excentrique

propose de donner une somme d'argent importante
à une œuvre de charité si vous acceptez
de sortir nu d'une voiture dans une rue
de centre-ville pleine de monde, et de longer
quatre pâtés de maison en marchant avant de remonter
dans la voiture. Si vous saviez qu'il n'y avait pas de danger
d'agression physique, à quelle somme ce don devrait-il
s'élever pour vous convaincre de le faire ?
Et si vous saviez que ce moment
serait filmé et mis en ligne sur Internet ?

200

Qu'est-ce qui serait pire :
être nu en public, se faire cracher dessus
par des inconnus, se faire arrêter pour vol à l'étalage,
vomir sur quelqu'un lors d'un dîner,
ou mendier dans la rue ?

Si on vous garantissait l'anonymat,
dans quelle mesure cela vous contrarierait-il
d'être humilié devant des inconnus
que vous ne reverrez jamais ?

201

Accepteriez-vous
une rente à vie corrigée de l'inflation
de 110 000 euros par an
si cela supposait que vous ne puissiez pas
gagner ou hériter d'autre argent ?
Quelle serait la somme
minimum d'une telle rente
que vous pourriez accepter ?

202

Quand avez-vous pleuré
devant quelqu'un d'autre
pour la dernière fois ?
Et seul avec vous-même ?

203

Si vous étiez attiré

par une personne d'une autre race,
en quoi votre comportement vis-à-vis de cette personne
serait-il différent, s'il l'était, de celui que vous auriez
vis-à-vis de quelqu'un de votre propre race ?
Pourquoi ?

....

Et s'il s'agissait

d'une personne engagée dans une autre religion,
ou immergée dans une culture très différente ?

204

Si l'on vous donnait

une montre à activation vocale qui suit
vos déplacements et appelle immédiatement la police
si vous appelez à l'aide, la porteriez-vous ?
Si oui, cette sécurité supplémentaire vous pousserait-elle
à faire des choses que vous ne feriez pas aujourd'hui ?

. . . .

Si vous pouviez utiliser

un appareil de ce type pour créer
des archives minute par minute de tous les endroits
où vous êtes allé, le feriez-vous ?
Si oui, qu'en feriez-vous, et est-ce que quelque chose
vous inquiéterait dans le fait que les autres pourraient
accéder à ces informations ?

205

Croyez-vous aux fantômes
ou aux esprits maléfiques ?
Accepteriez-vous de passer une nuit
seul dans une maison isolée
supposée être hantée ?

206

Jugez-vous les autres
sur des critères plus sévères
ou moins sévères que vous
vous jugez vous-même ?

Beaucoup de gens
sont capables d'être de bons coureurs,
mais pour atteindre un niveau
de compétition mondial il faut certaines
variantes de gènes clés.
Si vous étiez le meilleur coureur de votre
région et que vous vouliez vraiment
gagner une médaille d'or olympique,
feriez-vous d'abord analyser vos gènes ?
Si oui, et s'il se révélait
que vous n'aviez pas les bons ?

208

Seriez-vous prêt

à vous passer de toute utilisation d'Internet
pendant 5 ans si, en contrepartie de ce sacrifice,
quelqu'un subvenait à vie aux besoins de 1 000 enfants,
en les sauvant de la famine ?

· ·

Le feriez-vous

tout de même si vous deviez aussi vous passer de textos,
d'e-mails, de téléphone et de télévision ?

· ·

Et si à la place

vous deviez vous passer de dessert
pour le restant de vos jours ?

209

Que préféreriez-vous avoir :
une âme sœur absolue mais pas d'autres
amis, ou pas d'âme sœur
mais beaucoup de bons amis ?

Si vous deviez passer
les 2 prochaines années
dans un petit abri en Antarctique
suffisamment approvisionné pour subvenir
à vos besoins avec une personne,
avec qui voudriez-vous être ?

211

Si vous appreniez

que vous allez mourir dans quelques jours,
quels regrets auriez-vous ?
Lesquels d'entre eux pourriez-vous résoudre
si on vous donnait 5 ans de plus à vivre ?

....

Essayez-vous

de vous projeter dans votre futur
et de vivre aujourd'hui comme vous pensez que vous
souhaiterez un jour l'avoir fait ?

Si votre voiture
vous disait d'une voix douce
de surveiller votre poids dès que
vous commencez à prendre des kilos,
au bout de combien de temps
désactiveriez-vous cette fonction ?

Que préféreriez-vous :
une vie trépidante et pleine d'imprévus
remplie de joies, de peines, de passion,
d'aventure, de succès dévorants,
et d'échecs anéantissants ;
ou une vie tranquille, sereine et prévisible
entouré de vos amis et de votre famille,
sans grandes variations matérielles
et émotionnelles ?

Accepteriez-vous
15 000 euros pour vous raser la tête
et continuer vos activités
normalement sans chapeau ni perruque
jusqu'à ce que vos cheveux repoussent ?
Quelle est la somme minimum
que vous accepteriez pour le faire ?

215

Si vous saviez

que votre enfant à naître allait être sévèrement retardé
et mourir avant l'âge de 5 ans, voudriez-vous avorter ?
Les pères devraient-ils avoir des droits juridiques
concernant ce type de décision ?

....

Que vous inspire

le fait de tuer un enfant sévèrement handicapé
à sa naissance si ses parents ne peuvent pas
(ou ne veulent pas) prendre soin de lui,
et qu'il allait avoir besoin d'être pris en charge
en institution pendant toute sa vie ?

216

Vous entamez une relation romantique avec une personne, mais, au bout de deux ans, vous réalisez que vous voulez rompre.
Que feriez-vous si vous étiez convaincu que votre amant allait se suicider si vous le quittez ?

217

Pour 4 000 euros,
accepteriez-vous de vous lever
au milieu d'un restaurant bondé
et de réprimander désagréablement une serveuse
pour un problème dérisoire ?
Si non, est-ce parce que ça vous mettrait mal à l'aise,
ou parce que ça serait humiliant pour elle ?

Pensez-vous

que la serveuse préférerait que vous vous absteniez,
ou partager l'argent avec vous ensuite ?

218

Dans quelles circonstances,
s'il en est, voudriez-vous assister
en personne à une exécution publique?
Et la regarder
par le biais d'une vidéo explicite
sur Internet ?

219

Si les technologies avancées permettaient à tout le monde de jouir des avantages matériels du mode de vie des classes aisées sans avoir à travailler, en quoi changeriez-vous votre vie ? Qu'est-ce qui vous inquiéterait le plus dans un tel monde d'abondance ?

220

Si quelqu'un

vous proposait une somme généreuse
en échange d'informations privilégiées sur l'un
des produits de votre entreprise, l'accepteriez-vous ?
Supposez que vous êtes sûr
de ne pas être découvert.

. . . .

Comment voyez-vous

le fait de prendre un jour de maladie lorsque
vous n'êtes pas malade, ou de falsifier une note de frais ?
Si un distributeur automatique de billets
vous donnait trop d'argent, signaleriez-vous l'erreur ?

221

Si vous pouviez partir
pour un mois n'importe où
dans le monde et que l'argent
ne soit pas une préoccupation,
où iriez-vous
et que feriez-vous ?

222

Seriez-vous pour
que les informations génétiques
de tous les citoyens du pays soient
conservées dans une banque de données
de l'ADN pour qu'avec de petits
lecteurs génétiques on puisse identifier
précisément n'importe qui
à n'importe quel moment ?
Qu'est-ce qui vous gênerait le plus
dans un tel système ?

223

Feriez-vous quelque chose
d'ennuyeux ou de désagréable
(disons, nettoyer des toilettes)
pendant 5 ans si vous saviez que cela
allait vous apporter la plénitude et la paix
intérieure pour le restant de votre vie ?
Si non, combien de temps
seriez-vous prêt à le faire ?

224

Seriez-vous d'accord
pour devenir physiquement laid si en échange
vous pouviez vivre 100 années de plus à l'âge
que vous avez actuellement ?

....

Dans quelle mesure
pensez-vous que cela changerait votre vie si vous aviez
un accident qui vous laissait définitivement défiguré ?

225

Choisiriez-vous d'échapper

à la mort si vous pouviez le faire
en faisant prélever votre cerveau de votre corps
mourant, puis que celui-ci soit mis en suspension
dans une solution de nutriments,
et branché à des capteurs qui vous permettaient
de voir, d'entendre, et de parler ?
Trouvez-vous cette idée plutôt horrifiante
ou plutôt intrigante ?
Pourquoi ?

....

Et si vous pouviez

être relié facilement à tous les moyens de communication,
aux applications de médias sociaux et aux jeux en ligne,
et ainsi avoir une véritable vie sur Internet ?

226

Y a-t-il une chose
dans votre vie qui soit
trop personnelle pour que vous puissiez
en parler avec les autres ?
Si oui, avez-vous parfois
fait l'erreur d'essayer ?
Que s'est-il passé ?

227

En marchant dans la rue,

vous trouvez un portefeuille perdu
contenant 1 000 €. Le rendez-vous à son propriétaire
s'il y a un nom et une adresse dedans ?
Agiriez-vous différemment
selon que la photo de la carte d'identité de la personne
montrait un jeune homme à l'allure fortunée
ou une vieille femme fragile ?

....

Si vous perdiez vous-même

votre portefeuille ou votre porte-monnaie,
pensez-vous qu'il y ait beaucoup de chances
que quelqu'un vous le rapporte ?

228

Si vous deviez
vous retrouver dans un grave accident
qui vous laisserait soit aveugle, soit sourd,
soit totalement amnésique,
qu'est-ce qui serait le pire pour vous ?
Le plus supportable ?

229

Si votre enfant était
votre propre clone – un jumeau identique
né après vous – pensez-vous que
la connaissance durement acquise que vous
avez de vous-même vous permettrait
d'être un meilleur parent pour cet enfant
que vos parents l'ont été pour vous ?

230

Est-ce qu'un mariage
de la plus grande qualité
de tous points de vue sauf un
– il serait totalement dépourvu de vie sexuelle –
pourrait être satisfaisant pour vous ?

....

Êtes-vous capable
de dissocier le sexe de l'amour ?
Pourriez-vous vous épanouir en satisfaisant
sur la durée vos besoins sexuels avec d'autres personnes
que votre conjoint ?

Accepteriez-vous
de manger un bol de criquets vivants
pour 4 000 euros ?
Quelle est la somme minimum
que vous demanderiez pour le faire ?

La veille d'un départ en avion
pour des vacances en famille,
vous vous faites tirer les cartes par une
diseuse de bonne aventure à une fête.
Au milieu de la séance,
celle-ci s'affole et dit qu'elle voit un avion
prendre feu en plein vol, et vous qui brûlez
et poussez des hurlements.
En seriez-vous assez perturbé pour
changer vos projets de voyage ?

233

Pensez-vous

avoir beaucoup d'impact sur la vie des gens
dont vous croisez le chemin ?
Y a-t-il quelqu'un qui a,
sur une période de temps donnée, influencé
votre vie de manière significative ?

. . . .

Les conseils prodigués

par les gens plus âgés ont-ils à vos yeux plus de valeur
en raison de leur plus grande expérience ?

Un couple de sourds
envisage d'avoir un enfant par FIV
de façon à implanter un embryon
doté de gènes qui assureront
que l'enfant sera sourd.
Pensez-vous que c'est mal ?
Est-ce que cela devrait être illégal ?

235

Préféreriez-vous
avoir la réussite et tous les biens matériels
que vous voulez, mais peu d'amis ;
ou peu de réussite et de bien-être matériel,
mais beaucoup d'amis ?

236

Si vous pouviez donner

à qui vous voulez une potion d'amour qui vous ouvre
son cœur à tel point qu'il tombe désespérément amoureux
de vous à tout jamais, le feriez-vous ?
Si oui, qui ?
Pensez-vous que la responsabilité de sa dévotion
puisse un jour devenir un fardeau pour vous ?

....

Avez-vous déjà souhaité

pouvoir être amoureux d'une personne
que vous ne faisiez qu'apprécier ?
Seriez-vous tenté de prendre une pilule
qui vous ferait tomber amoureux d'une personne
qui vous semble vous correspondre, même s'il n'y avait pas
de garantie que votre amour soit réciproque ?

237

Si vous pouviez modifier

vos souvenirs d'une expérience passée
difficile, et les remplacer par quelque chose
de plus acceptable, le feriez-vous ?
Si oui, que changeriez-vous, et pourquoi ?

....

Si un membre de votre famille

que vous adoriez, aujourd'hui décédé,
avait en réalité été un pédophile,
ou que votre cher père aujourd'hui disparu avait été
un voleur et un escroc, voudriez-vous le savoir ?
Si oui, pourquoi ?

238

Avez-vous déjà
détesté quelqu'un parce
qu'il avait plus de chance ou plus
de succès que vous ?

239

Quel âge aviez-vous
la première fois que vous avez fait l'amour ?
Pensez vous que ça aurait été mieux
si vous aviez attendu plus longtemps
ou si c'était arrivé plus tôt ?

Y a-t-il quelque chose
que quelqu'un aurait pu vous dire qui aurait amélioré
votre première expérience sexuelle ?

240

Qu'est-ce que
vous aimez
le plus dans votre vie ?
Et le moins ?

241

Si on vous donnait
un million d'euros à léguer
anonymement à un inconnu
ou à une cause de votre choix,
de quelle manière
les utiliseriez-vous ?

242

Préféreriez-vous vivre
dans un pays où l'on peut s'enrichir
en réussissant en affaires,
mais où l'on peut se retrouver ruiné
si on échoue, ou dans un endroit
où il y a peu de chances de faire fortune,
mais où règne un solide ordre social ?

243

Vous êtes à la tête

de 100 personnes dont la vie est en danger,
et vous avez le choix entre deux solutions.
L'une sauvera la vie à 95 d'entre eux, mais 5 mourront ;
l'autre offre les mêmes chances de survie à chacun,
mais si elle échoue tout le monde mourra.
Quel serait votre choix ?

. . . .

Si vous deviez

choisir les 5 personnes qui mourront,
comment le feriez-vous ?

244

Que feriez-vous
si vous trouviez votre enfant
âgé de 13 ans en train de regarder
de la pornographie hard et choquante
sur Internet ?

Si vous pouviez prendre
une pilule qui vous permet de manger
tout ce que vous voulez dans une journée
sans absorber de calories ni de nutriments,
le feriez-vous ?
Si oui, y a-t-il un aliment en particulier
dont vous feriez une orgie ?

246

Si vous engendriez

un enfant par FIV et que vous pouviez sans danger
allonger son espérance de vie de 25 ans
en injectant un chromosome artificiel dans l'embryon,
le feriez-vous ?

....

Seriez-vous

plutôt satisfait ou plutôt déçu d'apprendre
que vos parents auraient pu utiliser la génétique
pour améliorer votre santé et allonger votre espérance
de vie, mais ont décidé de vous laisser « naturel »
et sans amélioration artificielle ?
Et si les gens que vous connaissez
étaient génétiquement « améliorés » ?

Préféreriez-vous recevoir
20 000 euros pour votre usage personnel,
ou 200 000 euros à donner
anonymement à des inconnus ?
Et si vous aviez le choix
entre garder 4 millions d'euros
ou donner 40 millions ?

248

Combien de vos amitiés
ont-elles duré plus de 10 ans ?
Lesquels de vos amis pensez-vous
qu'ils seront encore importants
pour vous dans 10 ans ?

249

Un effondrement a lieu

alors que vous et une connaissance êtes en train
d'explorer un dépôt d'armes en béton situé en profondeur
dans le sol dans une mine désaffectée. Vous apprenez
que toute la mine est désormais condamnée et qu'il faut
15 heures pour creuser un trou laissant passer l'air.
Si vous prenez tous les deux un somnifère dans une trousse
de secours qui ralentira votre métabolisme, vos réserves
d'oxygène ne dureront que 10 heures.
Il n'y a aucune façon pour que vous surviviez tous les deux,
mais l'un d'entre vous pourrait tout de même s'en sortir.
Que feriez-vous si l'autre personne
prenait un somnifère, faisait un geste vers un pistolet
chargé, vous disait que c'est à vous de voir,
puis s'assoupissait ?

250

Quelles sortes de choses

feriez-vous si vous pouviez être aussi extraverti
et désinhibé que vous le souhaitez ?

· ·

Faites-vous d'habitude

le premier pas vers les autres ou attendez-vous
qu'on vienne à vous ?

251

Pour empêcher l'extinction
– sinon inévitable – de la baleine bleue, quelle serait
la durée maximum de temps que vous accepteriez de passer
dans la peau d'un tétraplégique ?
Supposez que la guérison complète
est instantanée.

. . . .

Qu'est-ce qui est

si précieux à vos yeux que vous
ne le sacrifieriez pour rien au monde ?
Votre intégrité ? Votre santé ?
Votre bonheur ? Vos enfants ?

252

Recherchez-vous
ou évitez-vous la routine dans votre vie,
par exemple, le fait de toujours dormir
du même côté du lit ?
Préparer les mêmes repas ?
Retourner aux mêmes endroits
en vacances ?
Pourquoi ?

253

Préféreriez-vous
être heureux mais avoir l'esprit
limité et peu d'imagination, ou malheureux
mais doué et créatif ?
Par exemple, choisiriez-vous la vie
d'un artiste brillant mais torturé comme
Vincent Van Gogh, ou celle
d'une personne joyeuse, insouciante
et simple d'esprit ?

254

Peut-on compter sur vous
pour réaliser les choses que vous avez
annoncé que vous feriez ?
Qu'est-ce qui fait que vous accordez
votre confiance à quelqu'un ?

255

Préféreriez-vous
habiter plus près de vos parents
ou plus loin d'eux ?
Qu'en est-il de vos frères et sœurs,
ou de vos enfants adultes ?

256

Lorsque vous êtes avec vos amis,
vous arrive-t-il souvent de vous serrer
dans les bras, de vous embrasser,
de vous bagarrer, de vous donner des tapes
dans le dos, et cætera ?
Voudriez-vous avoir moins
ou plus de contacts de ce type ?

257

Si vous pouviez voyager

dans le futur mais ne pas revenir, le feriez-vous ?
Qu'en serait-il si vous pouviez
emmener quelques compagnons ?
Si vous étiez obligé de faire ce voyage,
à quelle distance iriez-vous dans le temps ?

....

Qu'est-ce qui pourrait

vous convaincre d'abandonner votre vie telle que vous
la connaissez et de faire face à l'inconnu ?

....

Pensez-vous

que les gens aux siècles passés étaient plus aventureux
que nous le sommes, ou juste plus habitués au risque ?

258

De toutes les personnes
de votre entourage,
par la mort de laquelle seriez-vous
le plus perturbé ?

259

Seriez-vous favorable

à ce que l'école élémentaire de votre enfant
soit équipée de centaines de caméras cachées
enregistrant tout ce qui s'y passe,
pour que les parents puissent aller regarder leurs enfants
en ligne à n'importe quel moment ?

. . . .

Pensez-vous

que disposer de tels enregistrements vidéo
serait un bon outil éducatif s'ils étaient utilisés
pour visionner certains événements choisis ou disputes
afin que les enfants puissent se voir eux-mêmes
en situation et discuter de ce qui s'est passé ?

Vous organisez une soirée
avec un ami, mais la veille, l'occasion
inattendue de faire quelque chose
de beaucoup plus palpitant se présente.
Comment réagissez-vous ?

261

Quelle a été votre plus
grande déception dans la vie ?
Votre plus grand échec ?
Quelque chose de positif
en a-t-il découlé ?

262

Si les ordinateurs

pouvaient avoir des pensées et des émotions,
les gens devraient-ils pouvoir en posséder ?
De quelle manière devraient-ils être punis
– s'ils devraient l'être – de faire du mal
à de telles machines ou de les détruire ?

Serait-ce un meurtre

de détériorer la mémoire d'un ordinateur conscient ?
Et s'il était équipé d'une sauvegarde intégrale ?

Comment réagiriez-vous
si vous appreniez que vous n'êtes pas
le résultat de la rencontre aléatoire
entre un ovule et un spermatozoïde,
mais que vous avez été sélectionné par vos
parents parmi 100 de leurs embryons
en fonction de vos caractéristiques
et tempérament probables ?

264

Si vous pouviez
passer votre vie à somnoler paisiblement,
maintenu en vie par des soins quotidiens,
bercé par des rêves fabuleux
et mirifiques, le feriez-vous ?
Pourquoi ?

265

Un pays étranger
entreprend un programme eugénique
pour augmenter le QI moyen de sa prochaine génération
d'enfants de 30 points, de façon que ceux-ci
soient plus intelligents que 49 enfants actuels sur 50.
Comment voudriez-vous que notre pays réagisse ?

. . . .

De quelle façon
une telle entreprise pourrait-elle changer
votre point de vue vis-à-vis de l'amélioration
de la race humaine ?

Si on vous hypnotisait
afin de faire disparaître la plus importante
de vos inquiétudes,
en quoi votre vie changerait-elle ?
Qu'est-ce qu'une inquiétude ?

267

Avez-vous plus

de facilité à parler ou à écouter ?
Serait-il bon pour vous d'inverser cet équilibre ?

. . . .

Que cherchez-vous

dans vos échanges avec les autres ?
Les sujets que vous abordez et la façon
dont vous le faites d'habitude vous mènent-ils
dans cette direction ?
Si non, que pourriez-vous faire pour mieux
profiter de ces échanges ?

268

Si vous pouviez revenir
à n'importe quel moment passé
de votre vie, changer une décision
que vous avez prise, et repartir
de ce moment (annulant tout ce qui
vous est arrivé depuis), le feriez-vous ?
Si oui, voudriez-vous conserver
la mémoire de la vie à laquelle
vous renoncez même si vous ne pourriez
jamais la retrouver ?

269

Aimez-vous dormir
au contact physique de votre
amoureux ?

270

Seriez-vous capable de trahison pour un ami proche ? Par exemple, seriez-vous prêt à témoigner que votre meilleur ami conduisait avec prudence lorsqu'il a heurté un piéton, alors qu'il était en train de rire pour une chose entendue à la radio et qu'il ne faisait pas attention ?

Si vous gagniez un robot
qui peut faire toutes les tâches
ménagères, que ce soit ranger
vos vêtements, faire les courses ou cuisiner,
que voudriez-vous tout de même
faire vous-même ?

272

Par rapport
à la population dans son ensemble,
comment estimez-vous votre intégrité ?
Votre ouverture d'esprit ?
De cœur ?

....

Pensez-vous
que votre famille serait d'accord avec vous?

273

Dans cinq ans,

à quoi aimeriez-vous occuper votre vie ?
Que pensez-vous que vous ferez ?

Votre vie

se révèle-t-elle pire ou meilleure
que vous le pensiez il y a 5 ans ?
De quelle manière ?

274

Si vous appreniez

qu'il y a un siècle, votre arrière-arrière-grand-père
a détroussé et assassiné quelqu'un, essayeriez-vous
d'en informer ses descendants aujourd'hui éloignés ?
Et si l'arrière-arrière-petit-fils de la victime
venait et demandait que vous ou vos enfants
versent 7 500 euros à ses enfants en dédommagement
de ce qu'a fait votre ancêtre ?

. . . .

Doit-on être tenu

responsable de quelque chose – que ce soit l'esclavage,
un génocide, ou toute autre injustice historique – avec
lequel on n'a aucun rapport sauf d'appartenir à la même
religion, nationalité, ou ethnie que les coupables ?
Si oui, sur combien de générations
cette responsabilité devrait-elle s'étendre ?
Si non, est-ce que ça vous importerait d'avoir tiré
bénéfice indirectement d'une faute ?

275

Si vous pouviez empêcher
la survenue d'un des événements suivants,
lequel choisiriez-vous :
un tremblement de terre au Chili
qui tuerait 40 000 personnes,
un accident d'avion à l'aéroport
de chez vous qui tuerait 200 personnes,
ou un accident de la route
qui tuerait un de vos amis ?

Vous arrive-t-il souvent
– juste pour être poli – de dire des choses
que vous ne pensez pas ?
Par exemple, quand vous dites
au revoir à des gens qui vous ont ennuyé,
faites-vous semblant d'avoir apprécié
leur compagnie ?

277

Si vous pouviez

mettre un détecteur de mensonges
quasi infaillible sur votre téléphone pour vous avertir
de toute malhonnêteté, le feriez-vous ?
Si oui, l'utiliseriez-vous beaucoup ou juste
pour certaines conversations en particulier ?

Pensez-vous

que ce serait mieux ou pire pour nous
si nous savions toujours lorsque nous sommes trompés ?
En quoi la société serait-elle différente si tout le monde
devait dire la vérité tout le temps ?

278

Si vous assistiez
à un terrible accident sur l'autoroute
juste après l'arrivée des ambulances,
et que votre présence n'aiderait
ni ne gênerait personne, vous arrêteriez-
vous pour regarder ?

Si vous pensiez
que vous faire cryogéniser
après votre mort vous donnait une chance
d'être ramené à la vie dans un siècle ou
deux, choisiriez-vous cette solution plutôt
que de vous faire enterrer ou incinérer ?
Supposez que les coûts
en sont identiques.
Si non, pourquoi ?

280

Si vous deviez
vous faire tatouer sur le bras
un message à vous-même,
qu'écririez-vous ?

281

Si la voiture

que vous offrez à votre adolescent
proposait une option pour suivre en temps réel
l'emplacement et l'état du véhicule
pour que vous puissiez surveiller où il va
et comment il conduit, la prendriez-vous ?

....

Accepteriez-vous

d'avoir une telle option sur votre propre voiture ?

282

En courant sur un trottoir gelé
devant la maison d'un voisin,
vous glissez et vous cassez la jambe.
Feriez-vous un procès à votre voisin
si vous aviez des chances
de vous faire beaucoup d'argent ?

283

Si vous pouviez

choisir la façon dont vous allez mourir,
laquelle serait-ce ?

....

Préféreriez-vous

mourir en héros en essayant de sauver quelqu'un,
partir calmement entouré de vos amis,
ou juste vous éteindre dans votre sommeil ?

....

En quoi

votre sentiment vis-à-vis de la mort reflète-t-il
la façon dont vous vivez votre vie ?

284

Que feriez-vous

si vous rentriez chez vous de façon impromptue
un après-midi et que vous trouviez votre conjoint occupé
en ligne à un jeu de rôle sulfureux avec un cyber-amant ?
Supposez qu'ils s'y adonnent
depuis des mois, mais n'ont jamais envisagé
de se rencontrer physiquement.

....

Que représenterait

pour vous une infidélité de ce type comparée
à une aventure d'un soir en chair et en os ?

Faites-vous confiance
à votre intuition ?
Quelles décisions importantes
dans votre vie professionnelle
avez-vous prises en vous fiant
largement à votre intuition ?
Qu'en est-il dans
votre vie personnelle ?

286

Aimeriez-vous être
président des États-Unis ?
Pourquoi ?
Qu'en serait-il si vous saviez
qu'1 personne sur 4
vous méprisera d'ici à ce que vous
quittiez vos fonctions ?

287

Prendriez-vous

une pilule qui, sans les effets secondaires,
vous rendrait complètement comblé pendant un an
– juste heureux d'être vous-même,
et de faire ce que vous faites dans la vie ?
Votre choix serait-il différent si vous saviez
que les effets seront permanents ?

. . . .

Pensez-vous

qu'avoir un sentiment profond et durable
de satisfaction de ce que vous faites actuellement
améliorerait ou restreindrait votre vie ?
De quelle manière ce sentiment modifierait-il
votre rapport actuel aux autres ?

288

Considérez-vous
l'État plus comme un pouvoir
pour le bien qui devrait être renforcé, ou comme un mal
nécessaire qui devrait être modéré ?

....

Avez-vous eu
des expériences personnelles qui indiqueraient
que l'inverse serait plus proche de la vérité ?

289

Si l'armée pouvait envoyer
un drone de la taille d'un colibri
à travers presque n'importe quelle fenêtre
dans le monde et le faire exploser,
souhaiteriez-vous qu'il soit utilisé
pour assassiner des personnes ?
Si oui, qui figurerait tout en haut
de votre liste ?

290

Pensez-vous
au futur plus avec impatience
ou avec anxiété ?

291

Si l'on vous garantissait
d'obtenir une réponse franche
à trois questions de votre choix,
à qui les poseriez-vous et que
demanderiez-vous ?

Remerciements

Je voudrais remercier Maisie Tivnan, mon éditrice, qui a apporté un regard neuf à de nombreuses questions et avec qui cela a toujours été un plaisir de travailler ; mais aussi Joe Spieler, mon agent et ami de longue date, pour ses nombreux commentaires judicieux qui m'ont fait garder les pieds sur terre ; ainsi que Lori Fish, ma femme, qui a dû se soumettre à plus de questions qu'elle n'aurait cru devoir subir en une vie entière.

Je souhaite également remercier de nombreuses autres personnes qui ont apporté des commentaires et suggestions bienvenus sur le premier jet du manuscrit, en particulier Talia Mata, Susan Bolotin, Julio Gagné, Deborah Patton, Carlos Devis et Robert Mogel. Je voudrais encore remercier Peter Workman d'avoir patiemment toléré tant de retards dans la concrétisation des idées à l'origine de ce livre, et Carolan Workman pour son amour des questions et son rôle clé dans la réalisation de ce projet.

Enfin, je voudrais remercier à nouveau ceux qui ont participé activement à la première édition : John Summer, Michael Cader, David Breznau, Claudia Summer, Don Ponturo, Libby Anderson, Richard Campbell, Ann Cole, Ginny Mazur, Peter Trent, Fred

Weber et Arshad Zakaria. Sans leur aide initiale, cette nouvelle édition n'existerait pas. Deux de ces amis ont été particulièrement importants lorsque je me suis replongé dans ces questions et ai commencé à travailler la nouvelle édition : Don Ponturo, qui m'a encouragé dans mon nouvel effort et m'a aidé à trouver le ton juste de ce livre ; et John Summer, mon compagnon de questionnements depuis mes années étudiantes, qui a tant contribué au premier *Livre des questions* que sa présence est ancrée de façon indélébile dans les pages de cet ouvrage également.

Achevé d'imprimer en avril 2014
sur les presses de Unigraf en Espagne.

ISBN : 978.2.501.08317.1
41.2516.7
Dépôt légal : avril 2014